LA MIRADA DE DANIEL
Inteligencia emocional

Monete y Mariflor

© del texto: Beatriz Corral Millán
© de las ilustraciones: Hello Saris
© del diseño y corrección: Equipo BABIDI-BÚ

© de esta edición:
Editorial BABIDI-BÚ, 2024
Avda. San Francisco Javier, 9, 6ª, 23
Edificio Sevilla 2
41018 - SEVILLA
Tlfn: 912.665.684
info@babidibulibros.com
www.babidibulibros.com

Impreso en España
Primera edición: mayo, 2024

ISBN: 978-84-10222-43-4
Depósito Legal: SE 914-2024

ÉRASE UNA VEZ MONETE

Cuando nació Monete, en pleno junio de 2020, dejó muy claro que era una guerrera. Una princesa guerrera.

Monete es pequeña, nada regordeta para ser un bebé, y con poco pelo, castaño y rizado. Tiene los ojos color verde aceituna, nariz chata y una sonrisa inmensa. Es ágil, sus piernecitas saltan con fuerza cuando está contenta, y le encanta escalar todo lo que encuentra. Monete es monete porque es capaz de abrazarse con brazos y piernas a su mamá, tan fuerte que no necesita sujetarla. Nunca aprendió a gatear: se impulsaba con las manos en el suelo y saltaba con el culo cual monete.

Monete es cero delicada, tiene la voz ronquita y es una *go-getter*: sabe lo que quiere, y va a por ello. Y si no se lo dejan, lucha todo lo que haga falta. Esto hace que se frustre con facilidad y se pase mucho tiempo al día gritando o llorando. ¡A veces se pone tan roja que parece que le falta el aire! En realidad es solo que aún es pequeña y no ha aprendido a regularse.

Su intensidad también se refleja en los abrazos y muestras de cariño: a Monete definitivamente le encantan los mimos. A veces aprieta su moflete contra el de su papá o su mamá, solo para pedir ristras de besos. Abraza con fuerza. Se acurruca con su hermana en el sofá, busca el contacto físico siempre.

Pero si algo le gusta en el mundo, son los cuentos. Muchos muchos cuentos.

CUANDO MONETE ENCONTRÓ A MARIFLOR

Monete estaba tranquila al salir del hospital, soñaba con salir de allí y estar siempre pegada a mamá y papá. Llegó dormida a casa, ni se enteró del sonido de las llaves al entrar. De pronto, escuchó una voz que no conocía.

Holaaa, Moneteee

Ella se revolvió en su cestita. Notó como una mano más pequeña que la de mamá le acariciaba la cabeza y le cogía las manos. Le gustaban sus caricias, así que no se despertó. Monete recuerda solo un trocito de ese día. Luego escuchó llegar a mucha gente, pero ella continuó durmiendo plácidamente. Pasados unos días, quizá semanas, Monete ya abría los ojos, y aquella voz se convirtió en su voz preferida: la de su hermana Mariflor.

Cuando estaba cerquita, a Monete le gustaba engancharla del pelo. Hacer eso la tranquilizaba, y Mariflor tenía un pelo sedoso que daba gusto tocar. Le hacía reír, también. Mientras Monete se balanceaba en la hamaca, Mariflor le hacía bobadas, muecas y cosquillas. Aprendió a reírse gracias a ella. Mariflor le hacía estallar en carcajadas cuando saltaba en el sofá, cuando daba palmadas en la mesa o cuando le sacaba la lengua.

También le enseñó a jugar. Cuando Monete aprendió a sentarse, Mariflor le ponía en las manos juguetes divertidos y le enseñaba cómo usarlos. Monete era pequeña y a veces no podía hacer lo mismo, pero se esforzaba en imitarla. Por eso también era Monete: imitaba a la perfección, y más, a su hermana. Se convirtió en su modelo a seguir, aunque a veces sintiera que le robaba su espacio o su tiempo con papá y mamá. Monete sabía que Mariflor llevaba un tiempo con ellos antes de que ella llegara a casa. Y eso, a veces, le daba un poco de envidia. En ocasiones, Mariflor se acercaba a ella muy rápido, y Monete pensaba que le quería quitar algo, aunque en realidad no fuera así y no supiera muy bien el qué. Entonces se defendía.

Pero la mayor parte del tiempo buscaba a Mariflor, le gustaba abrazarla en el sofá y tenerla cerquita. En realidad no conocía la vida sin su hermana, y tampoco quería imaginarla. Juntas eran el «Equipo Mocazos», «Las hermanas enanas», y otros tantos apodos que papá y mamá les habían puesto. No sabía aún bien qué era ser una hermana pequeña, pero si eso significaba vivir con Mariflor, le encantaba la idea.

CELOS DE HERMANAS (MONETE)

Acababan de llegar a casa Mariflor, Monete y mamá, después de un día en el cole y en la guarde. ¡Qué bien se lo habían pasado jugando con sus amiguis! Ese día, Mariflor había ido a la granja. Mariflor tiene ya cuatro años y medio y va al cole de mayores. Monete aún está en la guarde, pero este será su último año. ¡Ya tiene dos años y medio!

—¡He visto a las vacas, mamá! ¡Y también hemos visto cerdooos! —dijo Mariflor al entrar en casa.

—¡YO *TAMJÉ*! —gritó Monete.

Mariflor la miró de reojo, mientras continuaba contando su día:

—¡Y después de la granja, hemos tenido predeporte!

—¡¡Y YO *TAMJÉÉ*! —de nuevo Monete gritaba, haciendo aspavientos con las manos.

Mariflor se enfadó.

—¡No, Monete! ¡Tú no has ido a la granja ni has tenido predeporte! ¡Porque tú vas a la guarde y eres pequeña! ¡Eres una mentirosa!

Las dos se enzarzaron entre gritos y manotazos. Monete insistía en que ella también había hecho lo mismo que su hermana.

—¡No *zoy* mentirosa, *zoy* Monete! —sentenció—: ¡Yo, yo...! ¡Yo *zoy mayó*!

Mamá entendió lo que pasaba. Separó a Monete y Mariflor y las llevó al sofá, las sentó cuidadosamente una al lado de la otra y se agachó hasta estar a su altura.

—Chicas, en casa no se grita, no se pega y no se insulta. Ya sabéis las normas.

Monete y Mariflor protestaron. Mariflor estaba indignada, no soportaba la mentira, y su hermana siempre se inventaba cosas.

—¡Es que... ha sido Monete, ha empezado ella!

—¡Nooo! ¡Tú! —se defendía Monete, poniendo los ojos como platos.

—Mariflor, tu hermana aún no sabe diferenciar lo que es verdad o mentira, su cabecita tiene mucha imaginación. ¿Y sabes por qué lo hace?

Mariflor negó con la cabeza, con el ceño aún fruncido.

—Porque te quiere y quiere hacer lo mismo que tú. Aún no puede, y eso la frustra. Es pequeña, pero quiere ser mayor como tú.

El ceñito pequeño de Mariflor se relajó.

—Pero... es que lo que dice siempre son mentiras.

—Sí, muchas veces sí. Y está bien que te rebeles contra las mentiras. Pero como te digo, cuando sois pequeñitas a veces os inventáis cosas, a ti también te pasaba. Lo que le pasa a Monete es que tiene celos de ti.

Monete mientras asistía callada, sin saber muy bien qué pasaba. Ella solo quería ser mayor. Mariflor era mayor y siempre hacía más cosas que ella. No era justo.

Mamá se hizo un hueco entre ellas y las abrazó fuerte, una con cada brazo. Luego se dirigió a Monete:

—Cariño, tú no has ido a la granja hoy, ¡has ido a la piscina!, ¿a que sí?

—Mmm… ¡síííí! —recordó Monete, visiblemente contenta.

—Tú también haces cosas chulis en la guarde.

Monete asintió con una sonrisa. Monete y Mariflor se acercaron y juntaron sus cabezas. Era su forma de perdonarse. Pronto la mirada de Monete se posó en los botes de plastilina.

—*¿Juamos a la pasti, Marifló?* —le preguntó a su hermana.

En la cara de Mariflor se dibujó una sonrisa.

—¡Sí, vamos a hacer un castillo! —exclamó entusiasmada—. Qué bien que eres mayor, Monete, así podemos hacer un castillo enorme entre las dos —dijo mientras le guiñaba un ojo a mamá.

A Monete se le iluminaron los ojos y esbozó una gran sonrisa.

—*Zoy mayó…*

Y juntas construyeron un castillo con los colores del arcoíris. Con animales, piscina, caballeros y princesas que se salvaban solas.

Pero a pesar de sus peleas, sus diferencias hacían que fueran un gran equipo. Se complementaban. Por ejemplo, cuando Mariflor traducía a Monete frente a los adultos, que a veces no la entendían. O cuando Monete veía que Mariflor estaba triste y le ofrecía el juguete por el que estaban discutiendo, para que se pusiera contenta. Cuando se abrazaban por las mañanas. Cuando se juntaban en la misma cama y se reían a carcajadas, contándose historias al oído (¡Aunque la mayoría de sus historias hablasen de culos y cacas!). Cuando jugaban durante horas a las doctoras o a las superheroínas. ¡Eran invencibles!

Porque aunque Monete y Mariflor vieran el mundo de forma diferente, lo cierto es que no podían (¡ni querían!) imaginar el mundo la una sin la otra. Y con esto y un bizcocho, se despiden vuestras siempre amigas:

Monete y Mariflor

LOS MUNDOS DE MONETE Y MARIFLOR

El mundo en el que vivían Monete y Mariflor era el mismo, aunque cada una lo veía de una forma muy diferente. Tan diferente que a veces parecían mundos completamente distintos.

No solo porque ambas eran muy diferentes entre sí: Mariflor era calmada y prudente, Monete era impulsiva e inquieta. También porque sus circunstancias eran diferentes: Mariflor era la hermana mayor, Monete era la hermana pequeña. Y eso, como todo, tiene sus cosas buenísimas y otras... que no les gustaban tanto.

—¡¡Sííí!!

Le encantaba acurrucarse en el sofá con mamá. Al fin y al cabo, era su mamá favorita.

Desde entonces, cada noche tenía su momento con mamá. Mariflor se sentía en calma entre sus brazos y se dejaba acariciar el pelo.

—Te quiero muchísimo, mi niña. Te voy a querer y a cuidar siempre.

—Yo te quiero más, mamá. Yo muchísimo más.

Y después de esto, Mariflor dormía tranquila. Y tanto Monete como Mariflor soñaban con unicornios mágicos durante toooda la noche.

autobús

No era justo. Al día siguiente, Mariflor estaba triste.

—Ojalá no tuviera una hermana —dijo muy bajito. Se arrepintió al segundo de sus palabras, pero algo le hacía pensar que Monete era un obstáculo entre ella y sus padres. Cuando mamá la vio así, la cogió en brazos y la abrazó muy fuerte.

—Entiendo cómo te sientes, cariño. Las cosas cambian cuando tienes hermanos, y aunque sea muy bonito y divertido, también es difícil. Yo también me peleaba con mi hermana, con la tía, por cosas así. ¿Tienes celos de Monete? ¿Es porque mamá ya no se tumba contigo para dormir?

—Sí... —respondió Mariflor, muy bajito. Mamá la abrazó aún más fuerte.

—Siento haberme puesto nerviosa anoche, no te hablé bien. ¿Me perdonas?

—Sí, mamá.

—¿Qué te parece si buscamos una solución? ¿Puedes, por ejemplo, decirme una palabra secreta cuando te sientas así? De ese modo, mamá sabrá qué sientes.

A Mariflor le encantaban esos juegos, aunque luego al final no los llevase a cabo.

—¡Vale! ¡La palabra secreta va a ser «autobús»! —dijo entusiasmada mirando a mamá.

—Vale, «autobús». Así puedo estar más contigo si lo necesitas. Y cuando no sea posible, como por ejemplo, si es hora de dormir y tu hermana se pone a llorar, ¿cómo lo hacemos?

Mariflor se quedó pensando. No se le ocurría nada.

—¿Qué tal si nos acurrucamos tú y yo antes de dormir en el sofá? —le dijo mamá mientras le recorría las mejillas con sus besos. Mariflor sonrió.

El primer día de dormir juntas, mamá se tumbó con Monete en la cama de abajo, y papá con Mariflor. Monete solo podía dormirse con mamá, nadie más le servía. Solo mamá. Mariflor lo sabía. Hasta entonces no le había importado mucho, porque Monete se iba a dormir siempre antes, y en cuanto se dormía, mamá estaba disponible. Antes de irse a dormir, a Mariflor le gustaba hacer una visita a la cama de sus padres. Se acomodaba entre papá y mamá y ellos la abrazaban, la cubrían de besos y le recordaban lo importante y especial que era. ¡Ese era uno de sus momentos favoritos del día!

Cuando empezaron a compartir habitación y a dormir a la misma hora, eso dejó de ocurrir. Mamá siempre acababa cediendo a los gritos de Monete y se tumbaba con ella, mientras Mariflor se tumbaba con papá. Estar con papá le gustaba mucho, muchísimo. Era su papá favorito. Pero en su interior echaba de menos a mamá. Sus besos y sus abrazos antes de dormir. Que le recordase lo estupenda que era.

Pasados unos días, al ir a dormir, Mariflor no pudo contenerse y empezó a gritar. Sus papás le decían que dejase de gritar y de llorar, que estaba impidiendo que su hermana durmiera. Que ahora dormían juntas. Estaban muy nerviosos, y eso le hacía estar más nerviosa a ella. Quería llorar y gritar. Quería que Monete dejase de tocarle el pelo a mamá, y pudiera tener un rato con ella como hacía antes.

CELOS DE HERMANAS (MARIFLOR)

Un día, cuando Monete tenía dos años y Mariflor contaba con cuatro, sus papás decidieron que era hora de que durmieran juntas. Hasta entonces Monete había estado en la cuna, en una habitación separada de la de Mariflor. Le entraba el sueño pronto, y a las ocho de la noche estaba ya frita. Mariflor, que aguantaba un poquito más, dormía en su cama casita a ras de suelo. Le encantaba su cama casita. Tenía luces de colores en el tejado y se podía subir y bajar de ella con facilidad.

Papá y mamá habían comprado una cama casita nueva, pero ya no era tan bajita: tenía un cajón debajo, del que salía otra cama. ¡Así podrían dormir las dos juntas!

Mariflor estaba emocionada. Desde que lo supo, se imaginaba durmiendo de la mano de su hermana. «La cogeré de la mano y nos dormiremos de la manita. Y cuidaré de que no se caiga, puedo dormir yo abajo, y si se cae, ¡la cojo!». Mariflor siempre pensaba en Monete.

Pero cuando llegó el día, nada fue como imaginaba.

Y llegó el día en el que papá y mamá cogieron bolsas de ropa, la llevaron a casa de los abus y se despidieron con muchos besos, diciéndole:

—La siguiente vez que nos veamos, estará aquí Monete, que ya habrá salido de la tripa de mamá.

Mariflor estaba ansiosa porque llegara ese día.

Y llegó. Tras unos días en casa de los abuelos, fue con ellos de vuelta a su casa. Iban a llegar papá, mamá y su hermana Monete, y tenía muchos nervios. De pronto se abrió la puerta de casa y aparecieron. Monete iba en una silla o cesta rara. ¡Qué ganas tenía de ver a papá y mamá! Pero, sobre todo, ¡qué ganas de conocer a su hermana!

Papá posó la cesta rara con su hermana dentro en el suelo del pasillo, y mamá se agachó con ella para que pudieran saludarse.

—¡Hola, Moneteee! —repetía con voz dulce Mariflor—. ¡Holaaaa! ¡Qué pequeñita! —le decía, mientras le cogía la manita y le acariciaba la cabeza.

Pasados unos minutos se trasladaron al sofá, donde estaban mucho más cómodos, y Mariflor pudo coger a «bebé-mamá» por fin.

—Qué bonita es —repetía mirando a la nada. Monete dormía, pero respondía a las caricias con movimientos espasmódicos.

—¿Hermana, te *haessho* caca? —preguntó Mariflor, mirando a Monete.

Mamá cogió a la bebé en brazos, y Mariflor se quedó a su lado cuidándola. Empezaba a entender qué era eso de ser hermana mayor: era ser un poco como mamá, cuidar de su hermana muy bien... y, a la vez, tener una amiga en casa.

Cuando iba a nacer el bebé, los abuelos siempre aparecían para llevarse a los hermanos mayores. Mariflor no sabía exactamente qué era ser una hermana mayor, pero se sentía muy importante.

CUANDO MARIFLOR ENCONTRÓ A MONETE

Mariflor llevaba mucho tiempo encerrada en su casa con su papá y su mamá, porque según le habían explicado ellos, si salían a la calle, podían ponerse malitos. A ella no le importaba mucho. No había mejor lugar en el mundo que estar en casa con papá y mamá. Le habían dicho que iba a tener una hermana, y ella se imaginaba que sería como uno de sus bebés de juguete, pero de verdad. Incluso le habían regalado un cuento sobre una niña que tenía un hermanito, y parecía bastante feliz.

Mariflor se pasaba el día jugando con sus bebés, con las construcciones, viendo La casa de Mickey Mouse y hablando a «bebé-mamá». Ese era el nombre que había decidido ponerle a la tripa de mamá, que era cada día más grande.

Cuando ya podían salir algún rato a la calle, Mariflor tardó en acostumbrarse de nuevo al ruido de los coches, a las personas, al mundo exterior. Desde casa todo parecía mucho más seguro, salir la ponía nerviosa. Pero acabó acostumbrándose, en parte gracias a «bebé-mamá». Cuando salían, Mariflor le hablaba y le contaba todo lo que veía, para que ella también se fuera acostumbrando. «Bebé-mamá, ¡mira!, esto son *fores amaillas*, y un *arbo*...», y así Mariflor le relataba las cosas que iba viendo en sus paseos. En casa también empezó a hablarle. Le gustaba, sobre todo, cuando su mamá se ponía una camiseta en la que asomaba unos ojos de un bebé, porque podía ver a «bebé-mamá». Así era más fácil hablarle y que la escuchara.

Le habían explicado papá y mamá que cuando llegase «bebé-mamá», ella se iría unos días a casa de sus abus. A Mariflor le encantaba estar con ellos, así que le parecía el mejor plan. También lo había visto en los cuentos.

ÉRASE UNA VEZ MARIFLOR

Cuando nació Mariflor, en marzo de 2018, lo primero que se oyó fue a uno de los médicos diciendo: «¡Es una bolita de queso!». Y es que Mariflor nació grande, muy grande.

Mariflor es grande no solo por su tamaño, tan alta que siempre la confunden con una niña mayor. Ella es grande porque resplandece allá donde va, con su optimismo y su alegría innata. Mariflor tiene cuatro años, ojos marrones, mirada vivaracha y una melena envidiable.

Es prudente, tímida y algo reservada. Si quiere algo, a veces no se atreve a pedirlo, a no ser que estén por allí su papá y su mamá. Mariflor es también muy observadora: le encanta mirar lo que hace la gente, cómo actúa, qué cosas dice. Se fija en cada detalle, y lo guarda en su memoria prodigiosa. Porque como ella misma suele recordarle a su mamá: «Mañana no te vas a acordar de esto que he hecho, mamá. Yo tengo mucha mejor memoria que tú».

Mariflor es también presumida. Le gusta llevar trenzas, moños y coletas, que alterna dependiendo del día. Le gusta elegir su ropa y la decoración de su habitación. Juega a combinar colores. Entre sus juegos preferidos están los puzles, los juegos de memoria, la cocinita, los bebés... y, sobre todo, leer cuentos. Muchos cuentos.

Para Lea y Maya, mis hijas.
Gracias por existir. Os quiero, siempre.

BÁBÍ DI-BÚ

Monete y Mariflor

Beatriz Corral Millán

Ilustrado por Hello Saris

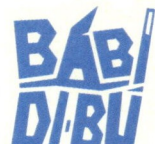

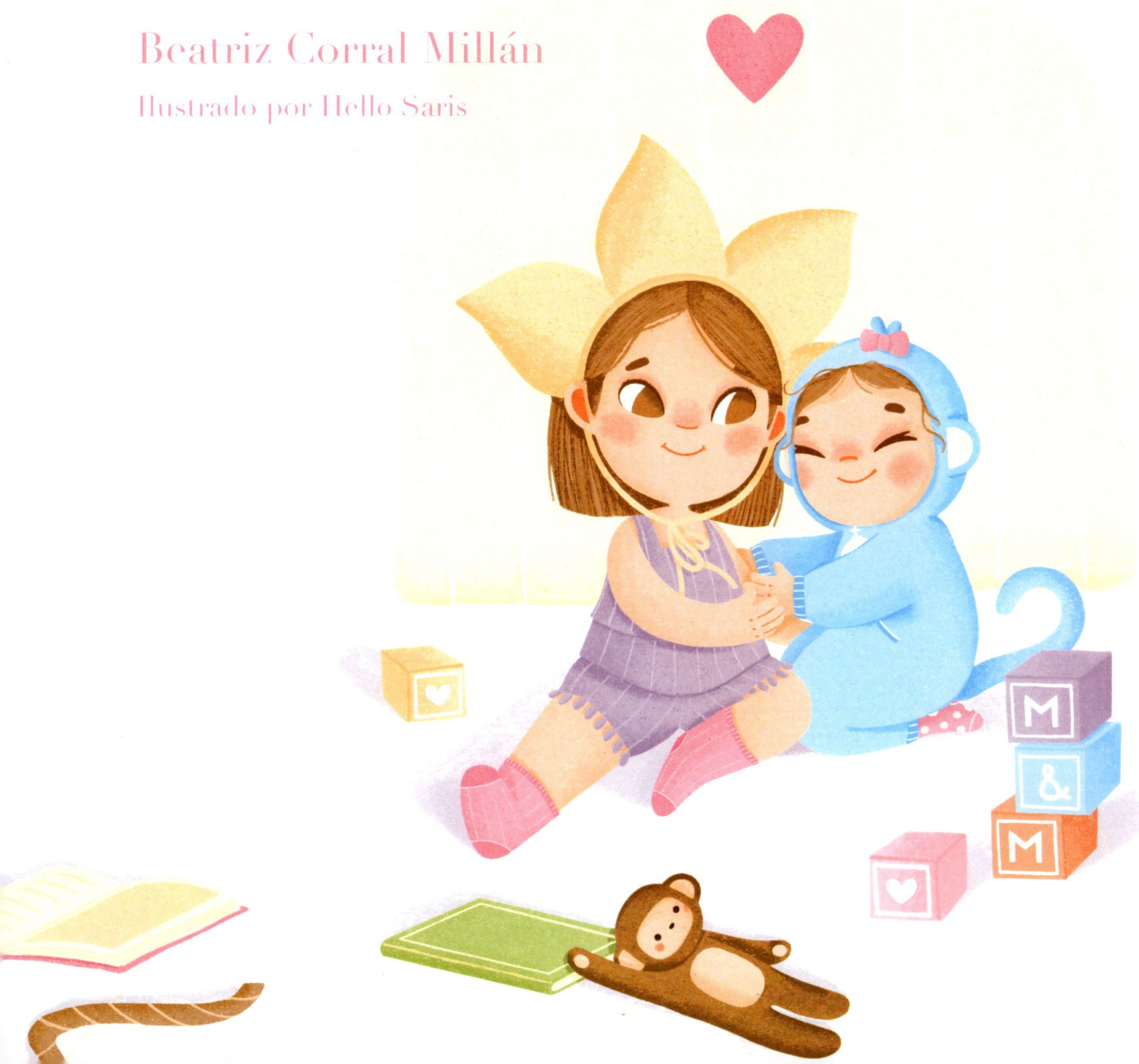

Monete y Mariflor son hermanas.

Son muy, ¡pero que muy diferentes! Y su forma de ver el mundo, también. Estas son las historias de ambas, cómo se conocieron y cómo aprendieron a que ser hermanas significa ser el mejor equipo.

Valores Implícitos

Un cuento con situaciones cotidianas en las que subyace la importancia del respeto, la comprensión y la empatía. Aprenderemos a entender los celos y nuestras diferencias. No solo para los niños, también ayuda a los padres a resolver conflictos de forma pacífica y cercana.

MONETE Y MARIFLOR